JN439236

슬픔을 깎다

국립중앙도서관 출판예정도서목록(CIP)

슬픔을 깎다 : 전현자 시집 / 지은이: 전현자. -- 대전 : 지혜 : 애지, 2016
p. ; cm. -- (지혜사랑 ; 164)

ISBN 979-11-5728-216-6 03810 : ₩9000

한국 현대시[韓國現代詩]

811.7-KDC6
895.715-DDC23 CIP2016029395

지혜사랑 164

슬픔을 깎다

전현자

지혜

시인의 말

처음으로
마음 밭에 농사짓는 법을 배운다
소 부리는 법,
연장 쓰는 법도 익히며
하루가 한 달 되고
한 달이 일 년 되고
십여 년이 훌쩍 넘어버렸다
이제 겨우
밭 갈아놓았다

2016년 가을
전현자

차례

2부 누가 오시는지

3부 그때 바람이 불었던가

4부 겨울, 조율하다

• 일러두기

한 연이 첫 번째 행에서 시작될 때는 > 로 표시합니다.

1부

그리움만 쓴다

단추

구멍이 너무 크면 쉽게 빠지고 또 너무 작으면 들어가지 않던, 알맞은 구멍을 찾고서야 중심을 잡았지

우연히 바닥에 떨어져 있는 너와 마주쳤지 뭇발에 밟혀 긁힌 상처들 그러나,
여전히 동그란 눈 그래서 더욱 슬픈 하지만 너는 사랑을 구걸하지 않았지

널 두고 돌아오며 여미지 못한 것은 옷깃이 아니라 내 마음

간밤 비가 다녀가고 움푹 파인
그 빈자리

불러야 할 이름

나 불러야 할 이름이 있는 것 같아

길을 걷다가도
밥을 먹다가도
잠을 자다가도
문득문득 불러보고 싶은 이름

어느 물이더냐
어느 나무, 어느 꽃이더냐
모두가 머리를 가로젓는데

마음 다리 홀로 건너가는 바람아
그 누굴 사랑하여
퍼런 심장 켜들고 이리도 깜깜한 것이냐

빈 종이박스

아파트 앞에 버려진 빈 종이박스
바람이 와서 자꾸 이리저리 들춰본다
바스락바스락 몸속에서 삐져나온 허연 비닐이
살풀이 수건처럼 너울댄다
일 년에 서너 번 그것도 마지못해
눈도장 찍고 돌아올 때 담 모퉁이에 서있던 어머니
저 빈 박스는 이제 기껏해야 헌 옷가지 아니면
별로 필요치 않은 물건들로 채워지겠지
아니, 새벽부터 부지런한 리어카에 실려가
버려지는 것들끼리 모여 있다,
다시 태어날 것이다
휴지도 좋겠으나
아이들 일기장도 되었다가 늙은 작부의 치부책도 되었다가
두부 반 모, 콩나물 500원 꼼꼼히 적어놓는 가계부도 되었다가
그럭저럭 살다 다시 한 장의 백지로 돌아왔을 때
삼천대천세계를 돌아다니느라
입었던 그 한 벌의 옷마저도 거진 삭아
너덜거릴 것도 없는 바람 같은 떠돌이 시인이
어느 날 갑자기 영감이 떠올라
시를 쓰려 할 때
그의 손에 맡겨진 마지막 한 장의 흰 종이

그 위에 절명의 시가 새겨지고
누군가 읊ㅇ리
이 몸
천천히 아주 천천히 녹아지도록

참새

스님 법문하신다
스님 뒤로
참새 두 마리 날아와
불상 앞에 놓인 쌀과 물을
아무렇지도 않게 오가며
쪼아 먹는다

배 고프면 울고
웃고 싶으면 웃고
자고 싶으면 자는
아기처럼

기죽다

도로 옆 터파기 공사장
빈 쇠 삽을 땅바닥에 턱 내려놓고
서 있는 작은 포클레인 한 대
몸엔 '똥차 조심'이라 쓰여 있다
문짝은 언제 떨어져 나갔는지
바람이 제집 드나들듯하고
녹슨 바퀴는 축 늘어져
벌써 고철 공장으로 실려갔어야 할 고물
'똥차 조심' 참 솔직하다
저런 직설적인 솔직함 앞에
난 기가 죽는다
너절한 얼굴엔 화장하고 흰머리는 염색하고
시커먼 속 들키지 않으려
눈 코 입 귀 마음대로 열고 닫으며 살았다
오랜만에 유쾌하게 웃었다
저 작은 몸 녹슬도록 일하면서
지금까지 버틸 수 있었던 것은
쇠 삽에 흙을 퍼 담았다 쏟아 내고
쏟아냈다 퍼 담으며 다진 내공임을

나는 오늘도 병원 간다

슬픔을 깎다

손톱은 슬픈 만큼
발톱은 기쁜 만큼 자란다지
손톱 서너 번 깎을 때
발톱은 한번 깎을까 말까
그러고 보니
기쁨 하나가 슬픔 서넛을 견뎌냈군
요즘은 손톱 깎는 것도 귀찮고 하여
내버려 두었더니 서로 할퀴고 물어뜯는다
기쁨도 너무 길면 불안한 법
오늘은 발톱도 깎아냈다
혹,
깎은 발톱이 튀어나가진 않았는지
두리번거리며
내 자라난 슬픔들
하나씩 호명하며 다듬어간다

군더더기 없는 말

국도변 어느 집 담벼락에
함부로 휘갈겨 놓은
“나 똥 누고 간다 또 보자”
그 비문 같은 말에
왜 자꾸 마음이 넘어지는지
먹고 싸다가는 것이 삶이라면
이 세상 얼마나 싱거울까
내 사랑은 집착에서 오는 병
당신 없인 못 살겠더니
이젠 당신 때문에 못 살겠네
순간 변하는 것이 오뉴월 숙주나물뿐이랴
맵고 짜고 쓴 세월 따라 가버린 입맛
알사탕처럼 다 녹여 먹은 사랑
무슨 수로 돌려놓을까
욕망을 숨기기 위한
비닐 포장지에 불과한 말들
이제는 버려야 할 때
아무리 갈 길이 바빠도 신호가 오면
다소곳이 무릎을 굽히고 앉아
군더더기 없는 말
들어야 할 때

꽁치통조림

신 김치 썩썩 썰어
냄비에 넣고
꽁치 캔을 땄다
좁은 깡통 속엔
뭉개진 비늘 몇 개
낯설게 떠돌고
토막 나고 절여졌던 삶
견딘 시간만큼 단단해진 살들
뼈는 이미
삭을 대로 삭았다
제조 년 월
1963년 8월
내 유효기간은
얼마나 남았을까
끓는 냄비 속
출렁거리는 꽁치, 영혼은
푸른 바다를 가고 있는 것일까?

할아버지

어릴 적 홍역을 앓았던 것일까
대청마루 배 깔고 누운 햇살에
가만히 날 눕히고
마당가 오동나무 꽃향기처럼
달콤한 손길로 이마를 짚어 주시던

장날이면 두루마기 자락
구불구불 두렁 길 지나
할아버지 손에 그네 타며 온
누런 종이 꾸러미 속엔
눈깔사탕과 장터 얘기가 가득 들어있었지

장날에나 풀어내셨을 외로움
꽃상여 타고
만장 펄럭이며 장 구경 가시듯
할머니 곁으로 가신 날이
내 달력에 동그라미로 있을 뿐

고향집 마당가
오동나무 베어 낸 지 오래지만
오동꽃이 필 때면
달콤한 향기가
내 그리움 불러내곤 하지

길

조급해하지 않기로 했지
내 안에 담긴 나를
조금씩 채우며 살길이기에
활활 타는 가마 속이라도
꾹 참기로 했지

뿌리내리지 못한 언어가
무심히 떠나버려
쭉정이만 남을 때도
뜨거운 가마 속을 생각하며
나 기꺼이 썩히려니

구들장이 서서히 뜨거워지듯
설익은 혀끝의 장난이 아닌
성숙의 장작을 지펴
은근히 익혀 가는 삶

조급해하지 않기로 했지
굽은 다리 펴는 고통 삭히며
일궈놓은 가슴 밭
언젠가 푸른 숲이 될 거라 생각하며

풀다

등산로 한가운데
데굴데굴 구른 애벌레 한 마리
흙투성이가 되었다
상처 난 몸을 끌고
한 발짝도 건너뛸 수 없는 세상을
한 발 한 발 내디딘다
어떤 스님은 다시 태어나도
스님이 되고 싶다지만
언제 밟혀 죽을지 모르는 길을
게으름 피우지 않고 기어갈 뿐
날개를 얻기 위해서도 아니요
이름을 얻기 위해서도 아니다
다만,
애벌레는 제 삶을 풀어가는 중이다

메아리

산 중턱에서
누가 소리 지른다
그 소리 받아
앞산이 통 통 통
퉁겨 보낸다
둘둘 말려
제 자리로
돌아가는 소리

두. 려. 웠. 다

말을 닫았다

어머니

아득한 길 바라보다 지친
하루해가
먼 산을 넘어가네

등골 휘도록
나눠주던 사랑도
이제는 마음에 흉년이 들어
외로움만 잔가지 치는데

자식들은 밤낮으로
머 얼 리
부처만 찾아다니고

정거장도 없는
하나뿐인 길 위에
엎드려 우네

그리움만 쓴다

나 사랑은 몰라도
그리움은 안다
이런 시를 난 써야지
그리움!
그것은 당신을 향한
내 맘 길이 아직 열리지 않아서
아니,
온전히 내 맘속에 오지 않아
당신이 자꾸만 그리운 거라
술병이 쓰러져 우는 것도
밤별이 내내 흐려 보이는 것도
다 당신 때문인 거라
그래서 난 죽어도
사랑은 모르는 거라
어느 기슭 헤매고 왔는가
오늘 바람은 몹시 너덜거린다

고장 난 시계

외골수
종종거리던 걸음을 멈췄다

허튼짓 한번 않고
한 우물만 팠다

샘물이 나오든 아니 나오든
그건 그리 중요하지 않았다

한쪽 벽에만 매달려 살았다
아버지

죽은 시인의 노래

꽁치 한 마리
노릇하게 구워져 접시 위에 누워 있네
내가 꿈꾸던 곳이 여기란 말인가
늘 푸른 물결 넘실대는 줄만 알았던 바다
방어, 삼치, 가다랑어……
떼 지어 몰려다니고 복잡한 게 싫어 숨어들었더니
이곳은 어느 세상인가
주인은 날 앞뒤로 구워 상 위에 올려놓았네
비릿하게 들끓는
나를 물어뜯고 씹어대는 소리
여기는 또 무슨 정거장이란 말인가
살 속을 파고드는 가시가
때론 성가시고 괴롭고 하였으나
발라내진 모습을 보고 있으려니
애처롭구나, 쓸쓸함도 아픔도
이 내 분신들
이제 모두 흩어지누나
산기슭에 부는 솔바람이었다가
처마 끝에 흔들리는 풍경소리였다가
아무것도 아닌 허공이었다가

산등성이 흰 구름 넘어가누나

사십대

그저 주어진 대로 걸어가는 것이 삶이라고
누가 이름 지어 놓은 것도 아닌데
거역 한번 없이 터덜터덜 걸어왔다

심장은 식은 피를 바보스럽게 퍼 올리다
둥둥 북소리도 내보지만
숨 한번 크게 내쉬고 마음 닫으면 그뿐

내게 그리움은
잡풀 우거진 무덤인 줄 알았다

지루했던 나를 갈아엎고
내 안에서 우르르 일어서는
그리움 말갛게 씻겨
어디로든 흐르고 싶다

향이 짙은 쑥잎에
앉아있는 바람이어도 좋고
풀잎 속에 숨어
노오란 민들레 꽃 코끝을 간질이는
바람으로도 좋으리

돌멩이

발밑에 있다고 얕보지 말게
뾰족 튀어나와 거추장스럽다고,
발에 걸린다고
함부로 뽑아내지도 말게

캄캄한 땅속 때론 알 수 없는 낭떠러지
수천수만 번의 죽음 끝에 밀려나와
수많은 발길에 차이고 밟히며
새 날을 기다리고 있다네

오랜 침묵을 깨고
꽃 되는 날
향기는 들녘으로 퍼져나가고
한순간에 피었다 지는 슬픔마저도 달콤하리

길 위에 한 발짝씩 내디딜 때마다
부드럽게 박차고 일어나는 흙먼지들
그것은 내 살과 뼈
언젠가 우리 모두를 한 뿌리로 품어 안아 줄
따스한 이불 한 채

오늘도 나는
지표 하나를 들고
천년의 꿈을 향해 나가네

느릿느릿

십자가를 짊어진 분
왕자의 신분을 버리고 걸식했던 분이 저기 계신가
오늘따라 유난히 맑은 하늘
언덕 위에 푸른 커튼처럼 쳐져있다
미처 풀지 못한 어제의 구름들,
약간의 오해가 한쪽 구석에 끼어있지만
구름은 흘러가는 것
난골손님처럼 오가는 것
오해는 제 알아서 풀 일
아롱이다롱이 구름들아
저 산 능선들이나 구경해 봐
먼 초원을 향해 나가는 소떼처럼
가야산을 앞서거니 뒤서거니
산허리 감고 휘도는 물안개야
욕망으로 쭉 뻗은 먼 아스팔트 길이
오늘만큼은 우직한 한 그루 나무로 보여
나뭇잎도 돋아날 것 같아
지금 아니면 못 볼
저 생생한 한 송이 꽃잎 속으로
느릿느릿 걸어가 봐

내일

너는 내 목을 죄는 올가미
코뚜레야
허리띠야
두 눈을 가리고
술래잡기 시키는 유령이야
야누스 카드를 버리고
솔직해져 봐
주근깨도 당당한 나리꽃처럼
얼굴을 보여줘 봐
넌 그림자도 없고
고통과 슬픔 같은 건 알지도 못하지
적금통장 그런 것 없으면 어때
나, 더 이상 기죽지 않아
마음의 각질
지금 당장 떼버리면 그만이지
이제 내 집에서 나가줄래

2부

누가 오시는지

느티나무

화암사 마당가에 사시는
225살의 노인장
지난봄 어깨며 옆구리에
연초록 팔과 손들 꺼내놓고 여름내 춤추셨것다
몇 번의 대수술로
남의 살 덧대어져 불룩한 배야 탐탁치 않았겠지만
등쪽으로 굽이굽이 큰물 간 자국
군데군데 옹이진 몸 들여다보며
여름 내내 웃음이 푸르셨것다
온 동네가 참 맑고 시원했것다
올봄도 저 노인장
천수관음처럼 수많은 팔과 손 쓰윽 꺼내놓고
시원한 그늘 초록 세상 만드시것다
우리 할아버지처럼
더 내줄 것 없나
컴컴한 다락까지 구석구석 살피시것다

논

갈아엎은 마른 논에 물 들어온다
돌처럼 굳어있던
세포 하나하나에 스며드는 물
뭉쳐있던 살들이 스르르 풀려
이제야 헐렁해지는 가슴
누가 내게 돌을 던진다 해도
되돌려주는 일은 없을 거야
몇 번의 써레가 오가고
평평해진 나는
더욱 부드러워질 거야
벌써 들녘 푸른 숨소리 들려오는 듯
하!
달달한 봄물이 뼛속까지 스며든다

봄날

여기도 꽃 저기도 꽃
논두렁 밭두렁으로 오시게
개불알풀꽃 하나가 웃으니
별꽃 냉이꽃 모두 까르르까르르
배꼽 떨어지겠네
노박이로 피어있는 꽃 보았는가
시간이 별로 없다네
지금은 아무 생각 말고 그대
문 열고 풀꽃밭으로 오시게
키는 낮추고 마음은 그냥 열어두시게
이렇게 아름다운 낙하도 있다네
까르르까르르 웃다가 보시하다가
가는 길도 있다네
벌 날아와 앉으니
개불알풀꽃 가는 허리가 휘청
꽃잎 똑 떨어지네
꿀 따던 벌들도 붕붕거리고
오늘은 내 눈물이 주책없네

봄을 찾다

질기고 퍼석거린 나물
슬그머니 내려놓는다
입맛이 쓰다
어릴 적 사금파리 조개껍데기에 담아 먹던
꽃밥, 풀반찬 어디 없나
넌 엄마 난 아빠 그리고 언니 아기
각자 제 역할 하느라 바빴지 그때
아빠는 논밭 갈고
언니는 우는 동생 달래고
꽃밥과 풀반찬 만들어
엄마가 차린 밥상 앞에 모여서
눈코로 먹으며 우린 푸르게 웃었지
나 이 세상 소꿉놀이하러 왔는지도 모르지
이번에 넌 아빠 난 엄마
역할 바꿨는지도……
누구인가!
내 그늘진 밥상에 삘기, 찔레, 칡, 어린순들 올려주던 이
아기 새처럼 아, 입 벌려 받아먹고 하하 호호 웃으면
그 다음 해 또다시 산에 들에
밥상 한가득 차려놓고 부르던
봄내 바람 속에서
눈 비비며 나오던

참나무

진달래꽃 산벚꽃
이젠 복사꽃 망울까지 터지고
천지사방은 저리 눈부신데
내가 왜 이리 조바심이 나는 건지
내가 왜 이리도 초조해지는 건지
봄바람 분다
버석거리는 생각 사이로
섬광처럼 빛났다 사라지는
그을음 없이 타던 잉걸불
보일 듯 말 듯 일던
그 푸른 불꽃들
그래,
난 겨울이 조금 긴 거라고
조금 천천히
열매 맺을 뿐이라고

홍매화

꽃샘추위에
아슬아슬
짧은 치마 걸치고 나온
긴 생머리 아가씨
하늘거리는
치마 올올 사이로
허벅지 맨살들
발그스레
부푼다
점점 벌어지는 꽃,
입. 술. 입. 술

풍경

동네 어귀
가시철망 처진 밭에
배 복숭아 자두나무 두어 그루씩
배시시 꽃 핀 입술로 재잘대고
외래종 마늘 서너 두둑
씨알머리 없이 좋아리만 키우고 우쭐댄다
근방에 토종마늘 심었다간
종자도 못 건진다는데
……………

온종일
눈 가시 세운 철망
파수꾼으로 팽팽한데
가시철망 암팡지게 말아 쥔 저 나팔꽃 줄기
보란 듯이 돌돌 넘었다
이젠 늙어
만지면 등줄기 뚝뚝 부러지지만
작년 여름 한창 때 저리도 당당하게 넘었다

엊그제 뉴스 보니
北쪽에서 이산가족 만나다
거르지 않은 南쪽 말 한마디에

휴전선 가시철망 다시 날을 세우고
응어리진 가슴들
그냥 돌아왔다는데

누덜은 좋것다야!

사월

문틈 비집는 햇살에
게을렀던 창
부스스 눈꺼풀 들어 올린다
거실 바닥에 길쭉이 눕는 햇살
따라 들어온 바람 품에서
라일락 향기가 난다
그 향기에
터질 듯 부풀어 오른 커튼 자락
스르르 놓아버리고는
내 치마꼬리 잡아끄는 바람
비릿한 웃음 터뜨리는 라일락
하얗게 자지러질 때마다
어질어질

혼절하는 봄

일탈

그날 우리는
봄바람과 한통속이었지
제때에 와준 봄에 대한 예의는
어디로든 떠나는 거라며 무작정 집을 벗어던졌지
옆길로 샌 미안함 따위는
일찌감치 주머니 속에 찔러 넣었어
눈치 빠른 애마는 미끄러지듯 달렸고
지금 우리가 향하는 곳이
아무것도 없는 황무지, 모래뿐인 사막인들 어떠랴
우리는 무례하게 손뼉을 치며 재잘대다,
개울 옆 빈터에 한나절을 세워놓고
짜디짠 컵라면에 굳은 김밥을 먹었지
목적 없어 즐거웠고 의미 없이 웃었어
갈증 속으로 터져 흘러들던
향기로운 자유의 육즙
가물가물 저 멀리 아지랑이 속
봄 한가운데로 막 빨려 들어가고 있는
우리는 그때,
한껏 부풀어 오르는 버들강아지
막무가내 연두로 돋아나는 쑥
물속을 노니는 물고기떼이었으니
개나리, 진달래, 목련
모두 한통속이었으니

봄밤

몸 활짝 열고
살랑살랑
허연 엉덩이 흔들어 쌓는
배꽃들을 보라지

온몸에 가시를 세워
울타리 쳤지만
대책 없는 탱자나무

그믐 밤
확 나를 덮치는
탱탱한 바람

그곳에 가는 길

살구나무 허리 잡고
몇 바퀴 돌다
바람에 끌려 발 둥둥 떠간다
어느 슬픔이 묻혀있을
할미꽃 무덤을 지나
듬성듬성 하늘이 보이는
상수리나무 소나무 숲길을 따라
모퉁이 돌아서면
나지막한 산자락에 숨어 핀 꽃들
늘 허기진 아이들은
벌겋게 달아오른 해가
서산마루에 걸터앉도록
찔레, 삘기 순 찾아다녔지
마흔이 넘어도 개구쟁이로 그려지는 곳
멋대로 드나드는 바람과
하늘 가득 청보리 퍼덕이는
그 작은 섬에 올라서면
내 그리운 노래가
빼 · 곡 · 히 적혀 있지

幻

겨울을 걸어 나와 붉은
바람 언덕에 서 있는 나를
깊은 눈으로 보았어, 바다는
갈비뼈 밑에서 작은 바람 하나를 꺼내
소나무 가지를 살랑살랑 흔들다
내 신열을 쓰다듬었지
그때
산비둘기가 울었고
꿩 한 마리 날아올랐으며
먼 동쪽에서
천둥 치는 소리
논 틀 길을 걸어오는
아지랑이
봄

변산바람꽃

가는 길이 낯설어 멀기만 하다
개울 건너 골짜기 오르는 동안
잠시 한눈팔았을까
길가까지 마중 온 너
너무 작아 보지 못했다
그래도 웃고 있었지
너 날 기다린 거니
지난 겨울은 어찌 보내고……
흘릴 안부는 묻지 않았다
실올같이 말라 가랑잎에 기대선,
봄볕에 녹은 몸이 붉었지
무릎 접고 엎드려 마주 보다가
말없이 앉아 있었지
노란 꽃잎 보랏빛 꽃술 수놓아진
흰 치맛자락만 사르르 흔들리고 있었지
처음으로 받아든
딱 한 생의 몸을 허락하였기에
온갖 바람을 맞으면서
우린 낯설고도 먼 길을 가는 것이겠지

누가 오시는지

나른해진 한낮을 끌고 산에 오른다
나뭇가지 하나 흔들리지 않는 산길
사그락 사그락
마른 풀숲 바람이
반짝 흙냄새 풍기며 지나간다
내 몸이 부드럽게 휘어진다
우듬지로 물을 퍼올리느라
앞자락이 다 젖은 단풍나무도
길 쪽으로 몸이 기울었다
햇살은 숲길에
금빛 징검다리를 놓고
눈과 귀와
모든 문을
길 쪽으로 열어둔 산
누가 오시는지

끌리다

설렘은 이른 아침 전파를 타고 온다
"저는 2부에 가 있을게요!"
오라는 소리인가
나는 길치인데다 주소도 모르는데
왠지 꼭 가야 할 것 같다
쫄깃쫄깃 씹히는 라디오 DJ 목소리
그곳에 가 있겠다니!
언덕에 누워있던 잔디
일제히 발꿈치를 들었고
뒤뜰엔 자목련이 헐거워진 꽃신을 벗어놓았다
저들을 따라가면 갈 수 있을까
단풍, 배롱, 벽오동
모두 제 자리에 서 있는데
우르르 몰려가는 소리
그만 놓친다
지도에도 나와 있지 않은
하지만 자꾸 끌리는
그곳
어느 생의 그리움일까?

삶은 가시

한 발짝 한 발짝 자드락길로 온다
겨우내 텅 비었던 주머니들 불룩해지는 봄
엄나무, 다래나무, 화살나무 어린순들
솟는 대로 따서 밥상에 올렸다
바람들어 성근 뼈 이참에 보수 좀 해볼까 야금야금
머리 순 다 따먹고 모자라서 옆구리 순까지 넘보다
두릅나무 가시에 그만 손등을 찔리고 정강이 살도 뜯겼다
오십 줄에 들어서 진득해지는 말들,
세상에 공짜가 없다!
주름은 뭐 거저 생긴 줄 아느냐!
앗, 가시는 삶아도 가시네
데친 두릅 입안에 넣고 씹으려니 혓바닥이 따끔거린다
톱니가시 억새풀 생으로 씹던 소
이런 기분이었을까?
새로 맞아들인 쉰을 되새김질하며
아그작 아그작 씹는다
삶은 가시다
나는 나를 한참은 더 씹어야겠다

양파

겨우내
뒤곁 처마 바람만 퍼마셨다

점점 쪼그라드는 살
아득하게 더듬어간 실뿌리들

몸을 알사탕처럼 녹여 먹었다
길세 올라온 푸른 눈

아직은 보이지 않네
나에게 가는 길

문밖
봄 햇살 쏟아지는데

3부

그때 바람이 불었던가

거미

반성 같은 건 하지 않으련다
매미처럼 이슬로만 살 수도 없고
굶을 자신은 더욱 없다
오늘도
하루치 허기를 채우기 위해
빛나는 은사를 뽑아
성스러운 식탁을 꾸며놓느니
밥상 위에 올라온
매미여!
7년을 땅속에서 용맹정진하여 얻은 날개
기꺼이 먹으련다
지금 먹는 밥이
독이 되고 덫이 될지라도
변명 따위 하지 않으련다
아직 삶을 거스를 수 없는 나는
식욕이 왕성한 벌레
이 슬픔을 기꺼이 살아내련다

여름밤

밀짚 방석에 앉아
반딧불이 앞세워
마실 가는 도랑물 소리
귀 대고 듣다
달빛 베개 삼아 누운 할아버지
베적삼 속으로 단잠 들랑대는 밤
시린 샘물에 땀 절은 몸 씻어내고
참새들처럼 몰려다니던 소꿉동무들
질긴 가난 있는 대로 짊어진
어미 아비 따라
고단한 여름 해를 들녘에서 보내고
졸린 등잔불 심지 돋우며
감자 보리 멋대로 뒤섞인 밥
나눠 먹으면서도
웃고 살았는데
여름밤
낯선 빌딩 숲에서
야위어 가는 달
문득, 서글퍼진다

나무의자

그늘을 가꾸고 거둬들이는 데에 열중하고 있습니다
먹을 식구도 없는데
고추도 심어놓고 녹두랑 동부랑 무 배추까지 심어 가꾸는
구순의 노모처럼
아직은 쉴 때가 아니라는 뜻이겠지요
여기까지 오는데 많은 것을 내려놓았을 것입니다
잘라내고 다듬고 깎아내며
눈물깨나 흘렸을 테지요 홀로
숲 속에서 누군가를 기다리는 것만 같습니다
나비가 와서 깜박 졸다 가고
나뭇잎도 잠깐 쉬었다 가지만
바람만이 오가며 안부를 묻습니다
무슨 얘기를 해도 가만히 들어주는
귀만 열어두었지요
아주 가끔 맞장구쳐주었으면 싶을 때도 있지만
뭐 괜찮습니다
어제는 산 한 바퀴를 다 돌았는데도
마음 속 미움이
저녁 종소리가 다 잦아들도록 가시질 않아
실컷 넋두리를 하고 왔지요
아마 귀에 딱지가 생겼을 것입니다
그만 깜박, 고맙다는 말을 잊고 왔지요
다음번엔 제가 당신 의자 되겠습니다

그때 바람이 불었던가

나 하나 숨는다고 세상이 달라질까
어제는 서쪽에서
고향은 언제 오느냐 물어왔네
때 되면 가겠노라며
잘 살고 있는지 바람의 안부를 물었더니
잘 사는 게 뭔지 모르겠다고
그냥 습관처럼 산다며 보내온 문자
우리 모두
얼떨결에 받아든 삶이려니
어디 함부로 내려놓을 수도 없는
이리저리 떠밀리고 부딪치며 깨진 상처들
가슴에 훈장처럼 달고 산다고
누가 흉이야 보겠는가, 이 나이에
몸 안 아프면 잘 사는 거지
아무렴!
고개를 끄덕이며 개울을 지나는데
조용하게 흐르던 물이
격양가*라도 부르는가
징검돌을 건너며 노래하네
그때 어디서 바람이 불었던가
아무도 모르게 피었다 지는
풀꽃 하나

* 농가農歌의 한 곡명.
"일출이작日出而作 착정이가鑿井而歌 경전이식耕田而食 제력하유어아재帝力何有於我哉."
"해가 뜨면 일하고, 우물 파서 물마시고, 밭을 갈아 밥 먹으니, 임금의 은혜 어찌 우리에게만 있으리오."

고구마 밭을 매며

산등성이에 넙죽
얼굴 내미는 해보다 먼저
고구마 밭에 앉아 있는 어머니
나는 그 옆 고랑에 앉아
데면데면 잡풀들 뽑으려고
후드득 후드득
고구마 줄기 들어 올리는데
소스라치며 움켜쥐고 있던 흙을 놓는다
제 새끼 키우고 지키려
비명 같은 외마디 소리들이다
내 손이 서툴러 그만
마디 하나 뚝 부러졌다
부러진 마디에 하얀 피를 흘리면서도
땅에 엎드려
제 몸 스스로 추스르던
고구마 줄기
세상 어머니들 다 그렇게 산다는 듯이

비 오는 날에

천둥 번개 치며 비 온다
하루쯤 굶는다고 죽으랴
손가락 하나 까딱하고 싶지 않은
이런 날에는
그냥 창문에 껌처럼 붙어 있는 거라
어느새 빗줄기는
작은 웅덩이를 만들고
졸졸졸 물길을 낸다
길 아닌 곳이 없다고
가면 길이 된다고
슬레이트 지붕을 뛰어내려서
흙마당을 지나서
수채 도랑을 건너서
강에 바다에 닿는 거라
흙탕물이든 시궁 물이든
사랑은 어깨를 내어주고
아무것도 묻지 않고 끌어안는 거라
지난밤 당신과 나 다투었을지라도

배춧잎 지도를 읽다

벌레가 배춧잎을 갉아먹었다
배춧잎에 하늘, 땅 모두 보이는
빵빵 뚫린 지도가 그려져 있다

뉴질랜드 인도네시아 파푸아뉴기니……
가보고 싶었던 섬나라들
벌레 한 마리
푸른 똥 싸가며
꼼꼼히 그려놓았다

이 지도만 있으면
어디든 갈 수 있을 것 같아
빵 뚫린 배춧잎 지도를 들여다보는데
어디서 물 흐르는 소리

남극의 빙하가 녹고
킬리만자로의 만년설이 녹고
조금씩 물에 잠겨 가는 작은 섬나라들

달려가네

검은 바지에 새하얀 셔츠 입고
달려가네
검정 책가방은 이른 아침부터
등에 매달려서 흔들흔들

달리고 또 달리고
헐떡거리며
열여섯 내가
달려가고 있었네

새파란 하늘엔 새털구름
곤색 운동화, 교복 치맛자락 적시던 이슬방울들,
논두렁에서 반짝이는 작은 풀꽃들에
눈길 한번 못 건넨 내 젊음이
무작정 달려가고 있었네

무엇이 기다리고 있는지
오늘 아침에도
그 여학생 달려가네

배추를 보며

벌레 먹어 숭숭 구멍 난 잎사귀
해거름 볕에 안겨 숨 고르고 있다

축 늘어진 어깨로 바람이 지나간다

잎사귀에 가시를 세웠지만
벌레 하나 못 막았다
마음으로 읽으면 자비요
얼핏 보면 무능인 것을

모진 생의 무늬 속에서
꽃 피느니
물과 바람과 햇빛
천지 모두가 주는 훈장 같은 꽃

그러나
그마저도 내 것이 아님을 알 때
비로소 완성되는 삶

푸른 잎 갉아먹은 벌레
겨울 한철 지나면
훨훨 봄을 나는 나비 되리

여름 보내기

바람도 숨죽이고
풀, 나무, 돌들까지
모두 한마음으로 흘러가는 산
아침부터 곡진하게 우는 매미들
울음도 경전인가
길을 걷다가
잠시 한기를 느끼는 것은
땀이 식어 오는 까닭만은 아니리라
제 이름을 부르며
우는 이들은 행복한 것
적어도 자신을 생각하고 사랑도 하지
이름에 연연해한 것은 아니나
언제부터인지
나는 없는 이름이 되었구나
내 이름 부르며
사치스러운 울음 한번 울지 못하고
가을을 맞네
내가 돌아보지 않았던 이여
어둠을 밀면 뿌연 입김이 유리문에 번지고 문밖
머리 위 하얗게 뒤집어쓴 서리국화
피어나는 울음 보시거든
내 이름 한번 불러주시게

바람은 나를

어디서 만났을까
이 상큼한 바람을

늙은 개는 누운 채로 달빛에 어른거리는 죽나무 그림자를 반딧불이를 싱겁게 짖어대고 불볕더위 속에서 온종일 잎담배 딴 어머니 밤늦도록 새끼줄에 꾸벅꾸벅 졸음도 엮었었지

그랬지
찬샘에서 일어난 바람이 개울을 따라 벼 포기 사이를 지나 우려진 풋감 냄새 풍기며, 더위에 지친 몸들 아무렇게나 던지듯 눕힌 모기장 속까지 달려와주었지

지금 막 그 바람이 집으로 들어왔다 이내 문밖으로 지친 나를 데리고 가네
연신 입김을 불어넣으며 소곤소곤 어루만지며 까맣게 잊고 있던, 눈 감아도 환히 보이는 어린 옛 고향으로 바람은 나를 데리고 가네

빈 밭

묵은 솥단지에
싱싱한 황토가 고봉으로 안쳐졌다
풀과 벌레들 버글버글
집 짓고 살아도 말이 없었지
지나가는 길손들
으레 밥 먹고 가려니
꼭 들려가는 화수분 집
등골 참 많이도 빼먹었다
고추, 콩, 옥수수
무, 배추, 파……
씨앗 한 줌을 심으면
곱도 넘게 퍼주었지
밭둑에 감, 살구, 개복숭아까지
모두 이 집 밥 먹고 큰 것들
우리는 한솥밥 먹는 사이

물달개비

도로를 내려고 남겨둔 논바닥에
푸른 싹 납죽납죽 올리더니
야리야리한 보랏빛 꽃피웠다

한낮에 활짝 문 열어놓고
마구 몸을 흔들어대다
해 질 무렵 꼭꼭 문 닫아거는

개구리 두어 마디씩 끊어우는 밤
슬그머니 보랏빛 꽃방에 들어
하루만 딱 하루만 묵고 싶다

쪼르륵 쪼르륵
말갛게 걸러지는 물소리 듣다
이 세상 이름쯤은 잠시 잊어도 좋겠다

첨벙!
직방으로 날아드는
벌 한 마리

재첩

지금 뚝배기에 담겨있는 것은
재첩의 눈물
후루룩 들이켜다간 속 다 데이고 말리
숟가락으로 한 술 뜨려니
나 여기 있… 어…,
요, 자를 끌고
다시 제 눈물 속에 숨어버리는
물 떠나 살 수 없는 숙명 같은,
오직 손발에 맡겨졌던 생이 무르다
끓는 물에 와르르 쏟아져 나온 몸의 곡조,
한 술 두 술 ……
붉은 혀를 지나 목구멍 여울목을 지나
먹빛 바다 난바다로 흘러들었으니
이제 우리
매화나무 휘감으며
섬진강 물처럼 출렁여볼까나
분홍, 하양, 상앗빛 향기에
철썩철썩 부서져볼까나

밥을 먹다

혼자 밥을 먹는다
TV를 켜려다 그만둔다

나를 위해 밥상에 올라와준,
고분고분 씹혀 내 피가 되어줄
이들에 대한 예의

호박나물에서 호박 냄새가
버섯볶음에서 버섯 냄새가 나는 것은
당연한 게 아니었음을

아직 내게는 담아둔 게 많다
소화되지 않은 것들이
독을 품고 있는 게 분명하다

어느 날
불쑥 나타난 내 악취에
놀란 적도 있다

아욱국을 뜬 수저 위로
햇살이 슬그머니 내려앉는다

살구나무

저 살구나무
무슨 빚이라도 진 것일까
바람에게 머리채 잡혀 휘청거린다
채 여물지 않은 열매들
뚝뚝 떨어져 깨지고 멍들고
도랑에 처박혀
흙탕물까지 뒤집어썼다
퍽퍽 가슴 치며 울었을 살구나무
고향에도 그런 바람 있었지
간척 사업한다며
논문서 집문서 저당 잡혀 빌린 돈
날름 삼키고 사라진 그 바람에
어린 자식들 남겨둔 채
농약을 먹고 퍽퍽 쓰러진 사람들
해마다 바람은 불고
땅 위로 힘줄이 튀어나는 줄도 모르고
남은 자식들 위해
외다리로 버티고 서 있는
저 살구나무

걸식

장바닥에 가봐야
침 퉤퉤 뱉으며 욕지거리나 보탤 테지
어째 얻어먹는 밥은 먹어도 먹어도
돌아서면 배고프고 허전터라
오늘은 저 길 따라 서쪽 처마 끝
안개구름에 쌓여있다는 고을이나 가볼까
인심 좋다는 말 듣고도
여태껏 가보지 못했다네
먹고 싶으면 먹고, 놀고 싶으면 놀고
그래도 뭐라는 사람 하나 없다지
꽃바람 한 사발에
이슬 한 방울이 달아
뽀얗게 살 오른다는데
밥 빌어먹고 노역으로 쪼그라든 몸
다 기울고 허물어지기 전
덩기덩기 덩더꿍 살아봐야지
아무렴! 그래야지

4부

겨울, 조율하다

가을에

산모롱이를 막 돌아설 때
누가 나를 불렀지
둘러보면 수런대는 나무들뿐
나무와 나무 사이 잎과 잎 사이
까불대는 바람뿐
그래, 나는 이 가을에 만나야 할 사람이 있었던 거지
어깨를 부딪치며 지나가고
때론 저만치서 얼굴도 못 본 채
한낮 꿈처럼 흘러갈 테지만
언젠가 한 번은 꼭 만나야 할 인연들
송진 냄새 발효된 나뭇잎 냄새
산비탈에 노오란 국화향기
폐부 깊숙이 들어와 유영하는
그 속으로
실구름이 하늘로 스며들듯
고요히 흘러들면
차르르 풀려나오던
길 하나
너 있는 곳까지 이어진 것 같아
몸 안에 서려본다

억새

주저앉고 싶을 때마다
마디 짓던 날들이여
깜깜한 땅속에서 기다렸던 물줄기여
갈래갈래 꽃피우고
춤을 추는구나
세상에 고개 숙일 줄 아는구나
바람 부는 대로 몸 흐르게 두는구나
이 몸이 바람이고 물이고 숨이란 걸
이제야 안 게지
한땐 나도 위로만 솟구치려 억세게 뻗대었지
잎가에 톱니가시 세우고
세상 온갖 바람에 맞서려 했지
봄 여름 가고 가을
이제는
생각에도 숨구멍이 생겨
날 가만히 내려놔보는 것이라네

팔봉산에 올라

팔봉산에 올라 풍경을 본다
멀리 겹겹의 산들
푸르스름한 꽃잎 같다
도비산 가야산 덕숭산……
작은 산들 너머 너머로
소백산 지리산 설악산
한라산 백두산 금강산…… 모여 모여
영원히 시들지 않을
거대한 한 송이 꽃 되었나
팔랑팔랑
바위에 앉아 있으면
바람이 향기로워 달콤해
자꾸만 코가 벌룽거린다.

가을날

무릎 위에 내려앉는 가을볕
눈 시리어
슬쩍 고개 돌리니
거울 속에 희끄무레한 산 하나
물빛 능선이 고요하다
저 정수리 끝
한번 올라가 보고 싶었으나
몸속에 흐르던 물
길을 틀은 지 오래다
흰 머리칼들 갈꽃으로 피어나
어디 먼곳을 향해 신호를 보내는
등성이 넘어서면
누군가
날 기다리고 있을 것 같은

참깨를 볶으며

하늘 향한 꼬투리
초롱불 밝혀 속 채우고
온 힘 다해 여물던
작은 알맹이들
볕 잘 드는 곳에
깻단 세워 말렸다가
부지깽이 타작에 튀어나온 씨알
솔솔 채워지는
됫박 수만큼 늘어나던
어머니의 고단함
프라이팬에 함께 볶는다
타닥타닥 피어오르는
벌써 칠순을 넘긴
당신 생각 삭히려
눈시울이 붉어진
단지 속에 담는다

나는 구름

가슴 한 귀퉁이에
웅크리고 있던 슬픔이 까치발 시면
물통 하나 걸머지고
무작정 길을 나선다
할머니와 나란히 담벼락에 기대어
가을볕 쬐고 있는 빈 의자를 지나
대낮부터 코끝이 벌건
보문 세탁소를 지나
천수경이 창문을 넘어 달아나던 대폿집을 돌아
횡단보도 신호등 빨간 경계의 눈초리 벗어날 수 없어
나는 잠시 멈춰 섰다,
얼음에서 풀려난 골짝 물처럼
꾸역꾸역 골목으로 흘러들면
파란 철 대문 옆
반의반 평도 안 되는 땅에
어른 주먹만 한 열매 스물은 족히 넘게 매달고
울퉁불퉁한 삶을 익히고 있는
모과나무 앞에서 소용돌이치다
몇몇 그림자를 실은 버스가 떠나고
또 다른 스케치에 바쁜 정거장을 지나
등허리 묽어지도록
오늘도 난 고개를 넘는다

풀벌레가 운다

보리차 끓이려고
주전자를 가스 불 위에 올린다
불꽃에 진저리 치던 주전자 속에서
쓰르륵 쓰르륵
아!
낯익은
쓰르라미 울음소리
저 물은 분명
내 고향 앞개울을 지나왔던 것
풀벌레 소리 들으며
다슬기를 키우고 나를 키우고
철, 철, 철 여기까지 흘러왔던 것
가슴 저 밑동까지 배인 풀벌레 소리
차마 떨쳐내지 못하고
소독약 냄새 풍기며 펄펄 끓고 있다

풀잎 위 이슬방울 구르듯
몸속으로 흘러드는 물
내 몸에서 풀벌레가 운다

자작나무

그가 동네로 이사 왔다
아직은 낯설어 수줍은 몸짓
담 너머로 엿보는 것은 설레는 일이다

문 앞에서 부르면
쪼르르 달려와
내 손잡고 무작정 내달릴 것 같은

그 이름 되뇌면
심장에서 쇠북소리가 들려
우리 어디서 만난 적 있었던가

산으로 들로 날 저물도록 쏘다니다
어느 낯선 골에서
신생의 밤을 보냈을까

아직도
내 안에서 몰아내지 못한
봄바람이 연분홍 꿈을 꾼다

국화차

소금물에 데쳐 그늘에 말린
노란 꽃송이
까무러치던 날들 지나고
바싹 마른 몸
유리잔 속에 넣고
따뜻한 물 부으니
스르르 풀려나온다

붉은 사과나무 아래
청보리밭 오가던 바람인가
가야산 자락 거닐다
발이 묶여 오도 가도 못하던 달빛인가

온몸으로 따스하게 퍼지는
향기가 분다

은행나무

침엽수인 은행나무
날카로운 기시는 제 살 속에 묻고
활엽수로 살아왔다지
누굴 한 번도 아프게 한 적 없는 그녀
허공만 바라보고 있다
일 년에 한번 꿈인 듯 바람으로 다녀간
그의 소식 아직 없다지
관절 뒤틀리고 마디마다
퉁퉁 부은 손으로 자식들 키우다 보니
푸른 시절 다 가 버리더라고
가을비 속에서 너울너울
노오란 아픔을 춤추는 여자
오도 가도 못하고
담장 아래 서성인 발자국만 수북하다

빈집

용천배기 무서워
대문도 열지 못하던 아이
아직 거기 숨어있을까
녹물 번진 문이
삐걱삐걱 울고 있다
마당엔
달개비, 명아주, 강아지풀
무성하게 끼리끼리 모여
너스레를 떨고
바람은 삭아가는 문을
여전히 흔들어보지만
날이 저물도록
열리지 않는 대문

독미나리

몸을 돌돌 휘감고
숨통을 조이는
머리에 올라앉아
하늘을 가린 박주가리 넝쿨

여린 몸 움푹움푹 패인
고통도 잊은 채
지난 여름 피웠던 하얀 꽃
보리쌀같이 익어 가는데
누렇게 뜬 어미, 몇 날을 굶었어도
휘청거리는 다리에
힘을 꽉 주고 있다

겨우
흙 한 줌에 뿌리내려 살다
스러져 가는

민들레

11월 당당히 겨울 앞에 섰다
소복이 쌓인 눈 속에 꽃피웠다
잠들까봐 얼마나 꼼지락거렸는지
주위에 동그랗게 눈이 녹아있었다
밤새 오들오들 떨던 몸
아침 햇살에도 쉽게 가시지 않는 한기
한 번도 가보지 않은 길은
얼마나 두렵던가
시커먼 구멍, 눈을 부릅뜨고 달려들던
겨울바람은 또 얼마나 공포스러웠던가.
그러나 떠나지 않으면 언제나 제자리인 것을
기껏 남 탓이나 하고
스스로 위안 받고 있을 테지
이제 와 무슨 꿈이냐고 다 잊어버렸다고
그럭저럭 자식들도 자리 잡고
내 삶도 이만하면 괜찮지 않았느냐고

아무도 내게 겨울로 가는 길을
가르쳐주는 사람은 없었다

겨울, 조율하다

바닷소리 바다로 돌아가고
여름내 자맥질하던 새소리 새에게로 돌아갔다
엘피판에서 튀어나온 마왕의 말발굽 소리
골짝을 내달리다 빈 들판으로 영역을 넓혀간다
산을 넘어 마을로 내려갔던 종소리들 돌아올 시간이다
도르르 말린 가랑잎에 노숙하고 있는 풍경소리처럼
모든 소리가 때맞춰 돌아오는 것은 아니다
오랜 세월 내게서 고삐 풀려나간 소리들
어디서 벌겋게 녹슨 쇠꼬챙이로 서 있는 건 아닌지
아직도 날선 채로 너희 가슴에 깊이 박혀있다면
그만 내게 돌려보내다오
여름날, 나는 나의 광풍을 묵인하였으므로
겨우내 피고름을 핥으리라
짓무른 너희 가슴에 새살 돋고 푸른 강물 흐르면
나는 돌아가리라
아주 먼 바람의 기억 속으로

해설

삶의 의미를 되새기는 진지함과 천진한 상상력

권 온 문학평론가

삶의 의미를 되새기는 진지함과 천진한 상상력

권 온 문학평론가

1.

전현자 시인이 첫 시집 『슬픔을 깎다』를 발간하게 되었다. 이번 시집을 읽는 독자는 시인의 성실한 노력이 빛을 발하는 순간을 여러 차례 목도하게 될 것이다. 이 글은 주옥같은 시편詩篇이 가득한 전현자의 시집에서 열두 편을 엄선하여 탐색할 예정이다. 「참새」, 「기죽다」, 「슬픔을 깎다」, 「군더더기 없는 말」, 「길」, 「고장 난 시계」, 「참나무」, 「홍매화」, 「삶은 가시」, 「거미」, 「그때 바람이 불었던가」, 「배춧잎 지도를 읽다」 등이 구체적인 이름이다. 이제 여행을 시작할 시간이다.

2.

스님 법문하신다
스님 뒤로
참새 두 마리 날아와
불상 앞에 놓인 쌀과 물을
아무렇지도 않게 오가며

쪼아 먹는다

배고프면 울고
웃고 싶으면 웃고
자고 싶으면 자는
아기처럼
—「참새」 전문

잠재된 화자 또는 시인의 시선이 '스님'과 '참새 두 마리'를 향하는 시이다. 엄밀하게 따지면 법문하는 스님 곧 불법에 대하여 묻고 대답하는 스님은 이 시의 주인공이 아니다. 작품의 제목도 그러하거니와 이 시의 핵심은 참새이다.

참새가 불법佛法이나 불상佛像의 의미를 알 리가 없다. 참새는 다만 불상 앞의 쌀과 물을 "아무렇지도 않게 오가며/ 쪼아 먹는다." 참새의 자연스러움은 '아기'와 같다. "배고프면 울고/ 웃고 싶으면 웃고/ 자고 싶으면 자"는 아기의 자연스러움은 우리의 각성을 촉구한다. 전현자의 시는 인간의 본성本性과 본심本心을 일깨운다. 독자는 부처의 가르침이 멀리 있는 것이 아님을 알게 된다.

도로 옆 터파기 공사장
빈 쇠 삽을 땅바닥에 턱 내려놓고
서 있는 작은 포클레인 한 대
몸엔 '똥차 조심'이라 쓰여 있다
문짝은 언제 떨어져 나갔는지
바람이 제집 드나들듯하고

녹슨 바퀴는 축 늘어져
벌써 고철 공장으로 실려갔어야 할 고물
'똥차 조심' 참 솔직하다
저런 직설적인 솔직함 앞에
난 기가 죽는다
너절한 얼굴엔 화장하고 흰머리는 염색하고
시커먼 속 들키지 않으려
눈 코 입 귀 마음대로 열고 닫으며 살았다
오랜만에 유쾌하게 웃었다
저 작은 몸 녹슬도록 일하면서
지금까지 버틸 수 있었던 것은
쇠 삽에 흙을 퍼 담았다 쏟아 내고
쏟아냈다 퍼 담으며 다진 내공임을

나는 오늘도 병원 간다
—「기죽다」 전문

시의 화자 '나'의 눈에 '작은 포클레인 한 대'가 포착된다. 포클레인의 몸에 쓰인 '똥차 조심'이라는 문구 앞에서 '나'는 '솔직함'을, '직설적인 솔직함'을 느낀다. "난 기가 죽는다"라는 화자의 발언은 반성反省으로 연결된다. "너절한 얼굴엔 화장하고 흰머리는 염색하고/ 시커먼 속 들키지 않으려/ 눈 코 입 귀 마음대로 열고 닫으며 살았다"라는 진술에 제시되는 '화장化粧'이나 '염색染色' 같은 행위는 '나'의 '시커먼 속'을 감추는 일이다. 전현자 시인이 '똥차 조심'에서 읽은 유쾌한 웃음과 직설적인 솔직함은 독자들에게 큰 반향을 불러일으킬 것이다.

손톱은 슬픈 만큼
발톱은 기쁜 만큼 자란다지
손톱 서너 번 깎을 때
발톱은 한 번 깎을까 말까
그러고 보니
기쁨 하나가 슬픔 서넛을 견뎌냈군
요즘은 손톱 깎는 것도 귀찮고 하여
내버려 두었더니 서로 할퀴고 물어뜯는다
기쁨도 너무 길면 불안한 법
오늘은 발톱도 깎아냈다
혹,
깎은 발톱이 튀어나가진 않았는지
두리번거리며
내 자라난 슬픔들
하나씩 호명하며 다듬어간다

—「슬픔을 깎다」 전문

시집의 제목을 이루는 시이다. '슬픔을 깎다'라는 작품의 제목부터 인상적이다. 시인은 '슬픔'이라는 '마음'이나 '느낌' 또는 '감정'의 상태를 다룬다. 전현자는 손에 잘 잡히지 않는 '슬픔'을 '깎다'라는 행위와 연결함으로써 구체성을 확보한다.

시인은 이 시에서 '슬픔'과 '기쁨'이라는 마음의 상황을 다루면서 전자前者를 '손톱'과 잇고 후자後者를 '발톱'과 잇는다. "손톱은 슬픈 만큼/ 발톱은 기쁜 만큼 자란다지/ 손톱 서너 번 깎을 때/ 발톱은 한 번 깎을까 말까"라는 진술에는 관찰과 해석이 공존한다. 전현자는 손톱이 빨리 자라고 발톱이 늦게 자라는 현상을 관찰한 후, 전자를 슬픔과 연결하고 후자를 기쁨과 연결함으로써, 우리네 삶에서 슬픔이 차지하는 비중이 기쁨보다 더 크다는 해석을 제공한다.

손톱과 발톱을 깎으며 슬픔과 기쁨을 되새기는 시인의 성찰이 잔잔한 아름다움으로 다가오는 시이다. "기쁨도 너무 길면 불안한 법"이나 "자라난 슬픔들/ 하나씩 호명하며 다듬어간다" 같은 어구는 시인의 섬세한 감성을 유감없이 발휘한다는 점에서 주목할 만하다.

국도변 어느 집 담벼락에
함부로 휘갈겨 놓은
"나 똥 누고 간다 또 보자"
그 비문 같은 말에
왜 자꾸 마음이 넘어지는지
먹고 싸다가는 것이 삶이라면
이 세상 얼마나 싱거울까
내 사랑은 집착에서 오는 병
당신 없인 못 살겠더니
이젠 당신 때문에 못 살겠네
순간 변하는 것이 오뉴월 숙주나물뿐이랴
맵고 짜고 쓴 세월 따라 가버린 입맛
알사탕처럼 다 녹여 먹은 사랑
무슨 수로 돌려놓을까
욕망을 숨기기 위한
비닐 포장지에 불과한 말들
이제는 버려야 할 때

아무리 갈 길이 바빠도 신호가 오면
다소곳이 무릎을 굽히고 앉아
군더더기 없는 말
들어야 할 때

— 「군더더기 없는 말」 전문

앞에서 살핀 전현자의 시 「기죽다」에는 '똥차 조심'이라는 문구 앞에서 "기가 죽는" 시의 화자가 등장한다. 시 「군더더기 없는 말」의 화자 '나'는 "나 똥 누고 간다 또 보자"라는 '비문 같은 말'에 "자꾸 마음이 넘어"진다. 시인이 말하는 '비문'은 비문碑文인 동시에 비문非文일 수 있다.

요령부늑의 말 앞에서 '나'는 '낭신'과의 '사랑'을 이야기한다. 언제는 당신이 없어서 못 살겠다더니 이제는 당신 때문에 못 살겠다는 이야기. 시인의 진단에 따르면 사랑은 '집착'이 일으키는 병이고, '순간'과 '세월'이라는 시간의 흐름 앞에서 맥을 못 춘다.

전현자는 우리에게 말한다. "욕망을 숨기기 위한/ 비닐 포장지에 불과한 말들"을 "이제는 버려야 할 때"라고. 당신과 나에게 필요한 것은 '군더더기 없는 말'이다. 시인의 시원시원한 시를 읽는 일은 카타르시스를 체험하는 일이다.

조급해하지 않기로 했지
내 안에 담긴 나를
조금씩 채우며 살길이기에
활활 타는 가마 속이라도
꾹 참기로 했지

뿌리내리지 못한 언어가
무심히 떠나버려
쭉정이만 남을 때도
뜨거운 가마 속을 생각하며
나 기꺼이 썩히려니

구들장이 서서히 뜨거워지듯
설익은 혀끝의 장난이 아닌
성숙의 장작을 지펴
은근히 익혀 가는 삶

조급해하지 않기로 했지
굽은 다리 펴는 고통 삭히며
일궈놓은 가슴 밭
언젠가 푸른 숲이 될 거라 생각하며

—「길」 전문

'길'은 함축미가 뛰어난 표현이다. 길을 다룬 많은 시가 있고, 소설이 있으며 또 영화가 있음을 우리는 잘 알고 있다. 전현자가 형상화하는 길은 '언어'를 다루는 동시에 '삶'을 지향한다. 시인이 말하는 언어는 "뿌리내리지 못한 언어"이고 "설익은 혀끝의 장난"이다. 그녀가 말하는 삶은 "성숙의 장작을 지펴/ 은근히 익혀 가는 삶"이다.

1연과 4연에 배치된 "조급해하지 않기로 했지"라는 시행詩行은 삶을 대하는 전현자의 태도를 보여준다. 시인의 느긋한 성품은 인내와 성숙의 과정을 거쳐서 고통의 다리를 건넌다.

2연과 4연에서 반복적으로 출현하는 '생각하며'는 '사유하는 존재의 아름다움'을 보여준다. 전현자는 말 또는 언어에 민감한 시인이지만 삶을 향한 경외감을 잊지 않는다. 인간의 삶은 무엇보다도 소중한 길이기 때문이다.

외골수
종종거리던 걸음을 멈췄다

허튼짓 한번 않고
한 우물만 팠다

샘물이 나오든 아니 나오든
그건 그리 중요하지 않았다

한쪽 벽에만 매달려 살았다
아버지
—「고장 난 시계」 전문

'아버지'에 관한 시이다. 아버지는 "한 우물만 팠다." 곧 '외골수'였다. 그에게는 "샘물이 나오든 아니 나오든/ 그건 그리 중요하지 않았다." 그에게는 우물을 판다는 행위 자체가 중요했다. 시인은 아버지를 "한쪽 벽에만 매달려 살았"던 '시계'로 묘사한다.

이 시가 우리에게 전달하는 유의미한 메시지는 아버지가 '과거'에 머물러있다는 사실이다. 아버지의 시제時制는 이제 과거에 붙들려있는 것이다. 외골수는 더 이상 걸을 수 없고, 시계는 고장이 났다. 전현자의 시 「고장난 시계」는 돌아간 아버지를 추억하는 송가頌歌이다.

문득 신해철의 노래 「아버지와 나」가 생각난다. “언젠가 내가 가장이 된다는 것 내 아이들의 아버지가 된다는 것이/ 무섭다 이제야 그 의미를 알기 시작했기 때문이다/ 그리고 그 누구에게도 그 두려움을 말해선 안 된다는 것이 가장 무섭다.”

진달래꽃 산벚꽃
이젠 복사꽃 망울까지 터지고
천지사방은 저리 눈부신데
내가 왜 이리 조바심이 나는 건지
내가 왜 이리도 초조해지는 건지
봄바람 분다
버석거리는 생각 사이로
섬광처럼 빛났다 사라지는
그을음 없이 타던 잉걸불
보일 듯 말 듯 일던
그 푸른 불꽃들
그래,
난 겨울이 조금 긴 거라고
조금 천천히
열매 맺을 뿐이라고
—「참나무」 전문

‘참나무’는 ‘상수리나무’를 가리키는 동시에 ‘참된 나무’ 곧 ‘진실하고 올바른 나무’를 가리킨다. 진달래꽃, 복사꽃 등이 만

개하는 봄에 참나무는 불안하다. "천지사방은 저리 눈부신데/ 내가 왜 이리 조바심이 나는 건지/ 내가 왜 이리도 초조해지는 건지"이라는 진술에는 참나무의 솔직한 심경이 그득하다.

전현자 시인은 느긋한 성품과 기다림의 자세를 보여준다. "그래/ 난 겨울이 조금 긴 거라고/ 조금 천천히/ 열매 맺을 뿐이라고"라는 진술은 대기만성으로서의 참나무를 보여준다. 독자가 참나무의 모습에서 진실하고 올바른 인간을 떠올리는 일은 자연스럽다.

꽃샘추위에
아슬아슬
짧은 치마 걸치고 나온
긴 생머리 아가씨
하늘거리는
치마 올올 사이로
허벅지 맨살들
발그스레
부푼다
점점 벌어지는 꽃,
입. 술. 입. 술.
—「홍매화」 전문

이 시는 '홍매화'라는 이름의 '꽃'을 다루는 동시에 '아가씨'라는 이름의 '인간'을 노래한다. '짧은 치마', '긴 생머리', '하늘거리는/ 치마', '허벅지 맨살들' 등의 표현이 아가씨와 직접적인 관련성을 맺는다면 "발그스레/ 부푼다"나 '점점 벌어지는 꽃,' 등은 '홍매화'와 강하게 결속한다. 아니다. 이 작품에서 '홍매화'는 '아가씨'이고, '아가씨'는 '홍매화'이다. 양자兩者는 같은 대상이다. 감각과 관능과 색色의 향연이 펼쳐진다.

> 한 발짝 한 발짝 자드락길로 온다
> 겨우내 텅 비었던 주머니들 불룩해지는 봄
> 엄나무, 다래나무, 화살나무 어린순들
> 솟는 대로 따서 밥상에 올렸다
> 바람 들어 성근 뼈 이참에 보수 좀 해볼까 야금야금
> 머리 순 다 따먹고 모자라서 옆구리 순까지 넘보다
> 두릅나무 가시에 그만 손등을 찔리고 정강이 살도 뜯겼다
> 오십 줄에 들어서 진득해지는 말들,
> 세상에 공짜가 없다!
> 주름은 뭐 거저 생긴 줄 아느냐!
> 앗, 가시는 삶아도 가시네
> 데친 두릅 입안에 넣고 씹으려니 혓바닥이 따끔거린다
> 톱니가시 억새풀 생으로 씹던 소
> 이런 기분이었을까?
> 새로 맞아들인 쉰을 되새김질하며
> 아그작 아그작 씹는다
> 삶은 가시다
> 나는 나를 한참은 더 씹어야겠다
>
> —「삶은 가시」 전문

「삶은 가시」라는 이 시의 제목은 두 겹의 읽기를 허락한다. '가시를 삶다'가 하나고, '삶은 가시다'가 다른 하나이다. 시의

화자 '나'는 데친 두릅을 먹다가 "앗, 가시는 삶아도 가시네"라는 자각에 도달한다. 찔리고, 뜯기고, 따끔거리는 등 고생 끝에 얻은 깨달음이다. '오십 줄' 또는 '쉰'이라는 시간 앞에서 화자는 "나는 나를 한참은 더 씹어야겠다"라고 다짐한다.

'가시를 삶다'라는 의미와 '삶은 가시다'라는 의미를 겹쳐서 바라보는 일은 단순한 언어유희가 아니다. 그것은 하나의 시적 진실에 육박한다. 삶은 가시와 같은 고통의 시간이라는 자각과 이를 극복하려는 노력이 더욱 필요하다는 다짐이 조화를 이루는 시이다.

반성 같은 건 하지 않으련다
매미처럼 이슬로만 살 수도 없고
굶을 자신은 더욱 없다
오늘도
하루치 허기를 채우기 위해
빛나는 은사를 뽑아
성스러운 식탁을 꾸며놓느니
밥상 위에 올라온
매미여!
7년을 땅속에서 용맹정진하여 얻은 날개
기꺼이 먹으련다
지금 먹는 밥이
독이 되고 덫이 될지라도
변명 따위 하지 않으련다
아직 삶을 거스를 수 없는 나는
식욕이 왕성한 벌레

이 슬픔을 기꺼이 살아내련다

—「거미」 전문

'거미'에 관한 시이자 '인간'을 이야기하는 시이다. 이 시는 화자 '나' 또는 거미의 의지가 돋보인다. 네 번 등장하는 '—련다'는 '—려고 한다'가 줄어든 말로써 앞으로 그와 같이 하겠다는 화자의 의지를 나타낸다. 곧 "반성 같은 건 하지 않으련다", "기꺼이 먹으련다", "변명 따위 하지 않으련다", "이 슬픔을 기꺼이 살아내련다"라는 시행이 이 작품의 핵심이다.

'거미'에게 매미라는 '밥'을 먹는 행위는 '독'이 되거나 '덫'이 될 수도 있다. '밥'을 먹어야 살 수 있다는 사실은 '슬픔'의 감정과 무관한 것이 아니다. 이 시는 밥을 먹는다는, 밥을 먹어야 한다는, 식욕이라는, 삶이라는, 존재의 슬픔을 이야기한다.

앞에서도 언급했듯이 전현자 시의 강점 중 하나는 시원시원함이다. '반성'하지 않고 '변명'하지 않는 자세. 자신의 선택에 '기꺼이' 집중하는 태도가 빛난다. 그녀의 시를 읽는 맛이 여기에 있을 것이다.

나 하나 숨는다고 세상이 달라질까
어제는 서쪽에서
고향은 언제 오느냐 물어왔네
때 되면 가겠노라며
잘 살고 있는지 바람의 안부를 물었더니
잘 사는 게 뭔지 모르겠다고
그냥 습관처럼 산다며 보내온 문자
우리 모두

얼떨결에 받아든 삶이려니
어디 함부로 내려놓을 수도 없는
이리저리 떠밀리고 부딪치며 깨진 상처들
가슴에 훈장처럼 달고 산다고
누가 흉이야 보겠는가, 이 나이에
몸 안 아프면 잘 사는 거지
아무렴!
고개를 끄덕이며 개울을 지나는데
조용하게 흐르던 물이
격앙가라도 부르는가
징검돌을 건너며 노래하네
그때 어디서 바람이 불었던가
아무도 모르게 피었다 지는
풀꽃 하나

—「그때 바람이 불었던가」 전문

삶의 본질을 천착하는 시이다. '고향' 또는 '시골'에서 태어난 인간은 '세상'의 끝을 확인하기 위해 '도회'로 나아간다. 더 큰 사회에서 살아남기 위해서 인간은 "이리저리 떠밀리고 부딪치며 깨진 상처들"을 껴안는다.

시인에 따르면 우리는 "그냥 습관처럼" 살아간다. "얼떨결에 받아든 삶이려니/ 어디 함부로 내려놓을 수도 없는" 노릇이다. 어느 날 갑자기 시작된 삶에는 정답이 없다. 다만 확실한 것은 삶은 녹록하지 않다는 사실. 어디서 왔는지 모르고 어디로 가는지 모르지만 다만 견뎌야 한다는 사실. 전현자의 말처럼 삶은 상처로 가득하다. 그럼에도 불구하고 우리는 '풀꽃 하나'를 키우는 심정으로 오늘도 살아간다.

벌레가 배춧잎을 갉아먹었다
배춧잎에 하늘, 땅 모두 보이는
뻥뻥 뚫린 지도가 그려져 있다

뉴질랜드 인도네시아 파푸아뉴기니……
가보고 싶었던 섬나라들
벌레 한 마리
푸른똥 싸가며
꼼꼼히 그려놓았다

이 지도만 있으면 어디로든 갈 수 있을 것 같아
뻥 뚫린 배춧잎 지도를 들여다보는데
어디서 물 흐르는 소리

남극의 빙하가 녹고
킬리만자로의 만년설이 녹고
조금씩 물에 잠겨 가는 작은 섬나라들

—「배춧잎 지도를 읽다」 전문

시인은 벌레가 갉아먹은 배춧잎을 바라보며 '지도'를 생각한다. 그녀가 '가보고 싶었던 섬나라들'의 이름이 등장한다. '뉴질랜드 인도네시아 파푸아뉴기니……' 또한 '남극의 빙하'와 '킬리만자로의 만년설'과 '조금씩 물에 잠겨 가는 작은 섬나라들'도 보인다. 전현자의 시 「배춧잎 지도를 읽다」는 정지용의 '바다' 시편에 비견할 만한 천진한 상상력이 돋보인다. 사소한 일상에서 낯설고 신선한 자신만의 세계를 구축하는 이가 시인이라고 할 때, 전현자는 진정한 시인임에 틀림없다.

3.

열 두 편의 시를 중심으로 전개된 전현자 시인의 시집 읽기는 무척 즐거운 여행이었다. 그녀의 시에는 '자연스러움'이 있고 '솔직함'이 있다. 전현자의 시에는 또한 '성찰'이 있고 '반성'이 있다. 우리는 시인의 시원시원한 시를 읽으며 카타르시스를 제대로 경험한다.

이 글이 확인한 바에 따르면 전현자는 언어에 민감한 시인이지만 '삶'을 향한 경외감을 잊지 않는다. 그녀가 '참나무'나 '홍매화' 또는 '거미' 같은 동식물을 다루면서도 '인간'의 모습을 구현했다는 사실은 단순한 우연이 아니다. 전현자에 따르면 삶은 '가시'이자 '상처'이지만, 그럼에도 불구하고 우리는 기꺼이 삶의 '슬픔'을 감내할 것이다.

한 우물만 팠던 외골수로서의 아버지, 이제는 고장 난 시계가 되어버린 아버지를 추억하는 시인의 시는 독자에게 큰 울림을 전달한다. 삶의 의미를 되새기는 진지함과 천진한 상상력이 어우러진 전현자의 시가 앞으로 더욱 크고 높게 빛날 것이라고 믿어 의심치 않는다.

전현자

전현자 시인은 충남 서산에서 태어났고, 2012년 계간『시안』으로 등단했다. 전현자 시인은 슬픔의 시인이지만, 그러나 그 슬픔을 깎으며, "허튼짓 한번 않고/ 한 우물만"(「고장 난 시계」) 판 그의 아버지처럼, 그 슬픔을 아름답고 풍요롭게 살아간다. 때로는 "상처 난 몸을 끌고/ 한 발짝도 건너뛸 수 없는 세상"(「풀다」)을 살고, 때로는 "굽은 다리 펴는 고통 삭히며" "가슴 밭"(「길」)을 일군다. 슬픔으로 숨쉬고, 슬픔으로 밥을 먹는다. 슬픔으로 노래하고, 슬픔으로 눈물을 흘리지만, 그러나 그 슬픔의 기적이 일어난다. 전현자 시인의 첫시집『슬픔을 깎다』는 슬픔의 경전이며, 슬픔의 아름다움이라고 할 수가 있다.

이메일 : jahyun822@hanmail.net

전현자 시집

슬픔을 깎다

발　행 2016년 12월 10일
지은이 전현자
펴낸이 반송림
편집디자인 김지호
펴낸곳 도서출판 지혜
계간시전문지 애지
기획위원 반경환 이형권 황정산
주　소 34624 대전광역시 동구 선화로 203-1, 2층 도서출판 지혜 (삼성동)
전　화 042-625-1140
팩　스 042-627-1140
전자우편 ejisarang@hanmail.net
애지카페 cafe.daum.net/ejiliterature

ISBN : 979-11-5728-216-6 03810
값 9,000원

이 책의 판권은 지은이와 도서출판 지혜에 있습니다.
양측의 서면 동의 없는 무단 전제 및 복제를 금합니다.